Farben unserer Erde

URS LÜTHI | DAVID PLÜSS
Farben unserer Erde
EINE REISE FÜR DIE SINNE
BRUNNEN

„Im Staunen liegt Dankbarkeit,
darin findet sich der Schlüssel zur Zufriedenheit,
der Quelle des Glücks.“

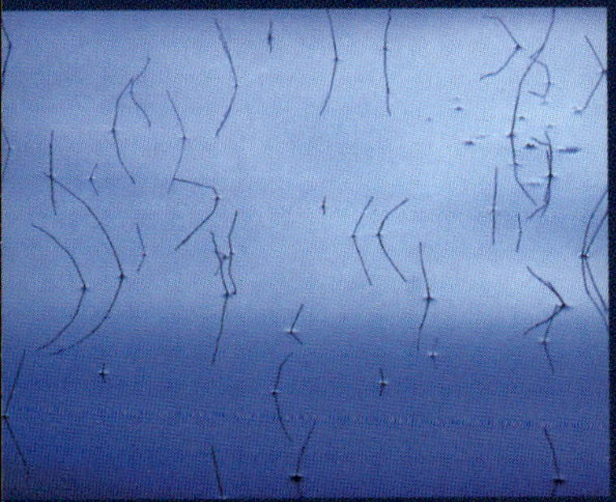

Herzlich willkommen

Wir laden Sie ein zu einer stillen Reise durch eine faszinierende Farben-Wunder-Welt. Es sind die „Farben unserer Erde". Fenster in unberührte Landschaften unseres Blauen Planeten. Unscheinbares und Alltägliches wird auf einmal groß und nah. Atemberaubende und endlos weite Landschaften lassen uns selbst klein und unscheinbar werden. Es lohnt sich immer, einen Augenblick lang vom gewohnten Alltag Abstand zu nehmen und sich von den Schönheiten und Wundern unserer Erde überraschen zu lassen. Ein Spaziergang mit allen Sinnen.

Lassen Sie Ihre Augen staunen und lauschen Sie dem Klang der Schöpfung. Schmecken Sie den Geschmack des Meeres auf der Zunge, riechen Sie den betörenden Duft der Kontinente in der Nase. Spüren Sie auf Ihrer Haut den Atem der vier Winde. Fühlen Sie Erde, Stein und Holz in Ihrer Hand und singen Sie das Lied der Dankbarkeit in Ihrem Herzen.

Jedes Bild ist nur ein kleiner, bescheidener Ausschnitt aus der Werkstatt des Schöpfers von Himmel und Erde. Momentaufnahmen eines Gesamtkunstwerkes, das sich unaufhörlich verändert. Ein ewiger Kreislauf im Wandel zwischen Leben, Sterben und Neubeginn.

Sie werden auf unserem Spaziergang durch diese Bildergalerie keine Menschen zu Gesicht bekommen. Der einzige Mensch, der in diesem Buch vorkommt, sind Sie. In der Rolle des stillen Betrachters, der andächtigen Beobachterin. Nähern Sie sich behutsam und aufmerksam den oft unerkannten Schönheiten unserer Erde. Bewahren Sie die Bilder und Eindrücke in Ihrem Herzen. Für morgen und übermorgen.

Herzlich

David Plüss (Texte) Urs Lüthi (Fotos)

Gut für die Augen

„Das tut meinen Augen gut!“
sagte kürzlich ein Freund zu mir
er meinte damit
dass es ihm – und seinen Augen – eine Freude sei
die kleinen alltäglichen
und unscheinbaren Schönheiten jedes Tages
zu entdecken
und mit den Augen wahrzunehmen

Die volle Blüte des prallen, frischen Frühlings
der Herbst mit seinen schweren, bunten Farben
das sanfte, stille Weiß des Winters
das glühende Finale eines Sommertages
die endlose Weite des Meeres
das nächtens nahe Leuchten des Mondes
das alte Gemäuer der Stadt
das freundliche Gesicht des Mannes
die großen, staunenden Augen eines Kindes
der federleichte Schwung einer Tänzerin
der einladend geschmückte Raum
der Glanz der Kerze
der liebevoll gedeckte Tisch

Augen sind die Fenster der Seele
und die Bilder, die ich ihr zumute
berühren immer mein Herz

Es tut gut
meine Welt
mit wachen Augen
wahrzunehmen

FÜR CARLOS MARTINEZ

Aus-Zeit

Manchmal gelingt es mir
für einen kurzen Augenblick
den atemlosen Alltag hinter mir lassend
meine Sinne einen tiefen Atemzug lang
auf das Unscheinbare zu richten

Dann hineinhorchen
in die unruhige Stille in mir
die gegen alles ankämpft
was mich gelassen machen könnte

Gelassenheit ist der Feind des Erfolges
heißt es

Zum Trotz feiere ich dann
meinen eigenen Erfolg
es geschafft zu haben
einmal am Tag
einzutauchen in die Oase
die ich mir selber schenke
um aufzutanken und zu Atem zu kommen

Eine erholsame Zeitinsel
an deren flachem Ufer
die Wogen der Hektik ihre Kraft verlieren
Aus der Ferne vernehme ich
das Tosen der Wellen
spüre den Fahrtwind
der vorbeifliegenden Zeit
und lasse sie ziehen
im Wissen
dass dieser Moment kostbar
und darum nicht
verlorene Zeit ist

Auszeit
aus Zeit
ich bin es mir wert

Wer sich keine Zeit nimmt
wird nie welche haben

Der Baum

Groß und stark ist er
und mächtig alt
und er kann Geschichten erzählen

Von Menschen
und deren Kriege um den Frieden
von Liebespaaren und Tieren
die Schutz gesucht
vor Hitze und Regen

Vom gewaltigen Sturm
der an seinen Armen gezerrt
vom gewaltigen Feuer
das seinem Stamm nicht ernsthaft schaden konnte
und von der schneidend eisigen Kälte
die ihn nur noch stärker gemacht hat

Tief unter der Oberfläche hat er die
lebensspendende Quelle gefunden
seine Wurzeln danach ausgestreckt
und ist groß, kräftig und verlässlich geworden

Seine Krone ist bewohnt
von fliegenden, kletternden und krabbelnden
Lebewesen, die Nester und Hütten bauen
sich im üppigen Laub flüchtend in Sicherheit bringen
oder sich dort selber auf die Lauer legen

Geboren aus dem unscheinbaren Samenkorn
das die Flügel des Windes hierher getragen haben
ist er aufgewachsen
zum kräftigen stolzen Baum voller Leben
zum Lebensbaum

Und wenn er eines Tages
alt und brüchig fällt
wird er auf seinem letzten Weg
Nahrung sein
für das wärmende Feuer derer
die hier Rast machen

Nur ein Blatt

Klein
leicht und zart
sprießt du aus dem Zweig
der dich ernährt und hält

Du grünst in buntem Grün
und gibst Blume
Baum und Strauch
einzigartig Form und Farbe

In deinen Adern
fließt das Wasser
des Himmels und der Erde

Dein leises Rauschen wächst
im Zusammenspiel mit dem Wind
zur tosenden Sinfonie

Die Luft wird rein
wir atmen durch
frei und tief und unbeschwert

Du spendest Freund und Feind
Kühle in der Glut
bist Schutz und Schirm
bei Regen

Und wenn du
am Abend des Jahres
bunt und brüchig
zur Erde fällst
umsäumt dein
Wunderfarbenkleid
als bunter Teppich
den weiten Fuß des Stammes

So wirst du
auf deinem letzten Weg
zum goldenen Schmuck
der Erde

FÜR STEFAN HÄTTENSCHWILER

Das Grün der Hoffnung

Es gibt Zeiten
da ist alles schwarz und grau
Unerwartet und unpassend
überrollt es mich
dieses dumpfe Gefühl von
Leere
Traurigkeit
Abschied

Ohne erkennbaren Grund
erstarrt im Banne der Lethargie
werde ich zunehmend selber
grundlos

Das warme Morgenrot
das satte Grün der Wiese
die Farbenpracht der Blumen
erscheinen nur als unscharfes, farbloses Bild

Von der Last des Alltages bedrückt
sind meine Sinne getrübt für Bilder und Klänge
die mich beschwingen und beleben

Der Schleier der Wehmut
umhüllt mich
macht mich tagblind
verführt mich
loszulassen und zu fallen

Doch eben dabei zu stürzen, entdecke ich
das starke und neu keimende Leben
inmitten des verbrannten und harten Bodens

Im schwachen Samenkorn ist der
Keim der Hoffnung erwacht
hat die tote Kruste durchstoßen
und sich dem Düsteren widersetzt
hinauf zum Licht
zum Leben

Grün
die Farbe der Hoffnung

Lebensader

Tausend kleine Regentropfen
berühren
benetzen
streicheln dich
im Fallen
hinterlassen Perlenspuren auf dir
versickern in der Tiefe
des Erdreiches
werden von weit ausgebreiteten
Wurzeln
getrunken
und fließen durch deine Adern
empor bis in die äußersten Winkel deines Seins

Leben strömt durch dich
Wasser – ist Leben

Niemand soll sagen
du bist unscheinbar und unbedeutend
Ihr lebt voneinander
der Baum und du

Mit Freude schmücken sich die Äste
mit deinen Farben und Formen
Stolz trägt der Stamm sein Blätterkleid
Rauschend wiegst du dich
im Tanz der vier Winde

Aus der Nähe betrachtet bist du ein Abbild
des Baumes, der dich hervorbringt und trägt
ein Ebenbild deines Schöpfers

Glücklich der Mensch
der wie ein Baum
am Bachufer gepflanzt ist
und wächst und gedeiht
vom frischen Wasser

Nur ein Augen-Blick

Schwarz leuchtenden Perlen gleich
schaut er uns aus seinen kleinen Augen an

Ein Blick ohne Scheu und Angst
wach für Klänge und Geräusche
offen für alles, was sich bewegt
staunend über das Neue

Ein Augen-Blick
der unvergessen bleibt
das Herz berührt und
uns mit stummer Geste eindringlich
an unsere Verantwortung
für alle Lebewesen der Schöpfung erinnert

Der Mensch
ist die Krone der Schöpfung
und Adel verpflichtet

Wir teilen den Blauen Planeten
mit allen Geschöpfen
Und nur denen steht die Krone zu
die bereit sind
Verantwortung für ihre Mitbewohner
zu übernehmen

Menschen, die mit wachem Blick
durch die Welt gehen
und nicht wegsehen
wenn es unangenehm wird

Menschen, die
länger als einen Augenblick lang
stehen bleiben und
verweilen
teilen
heilen

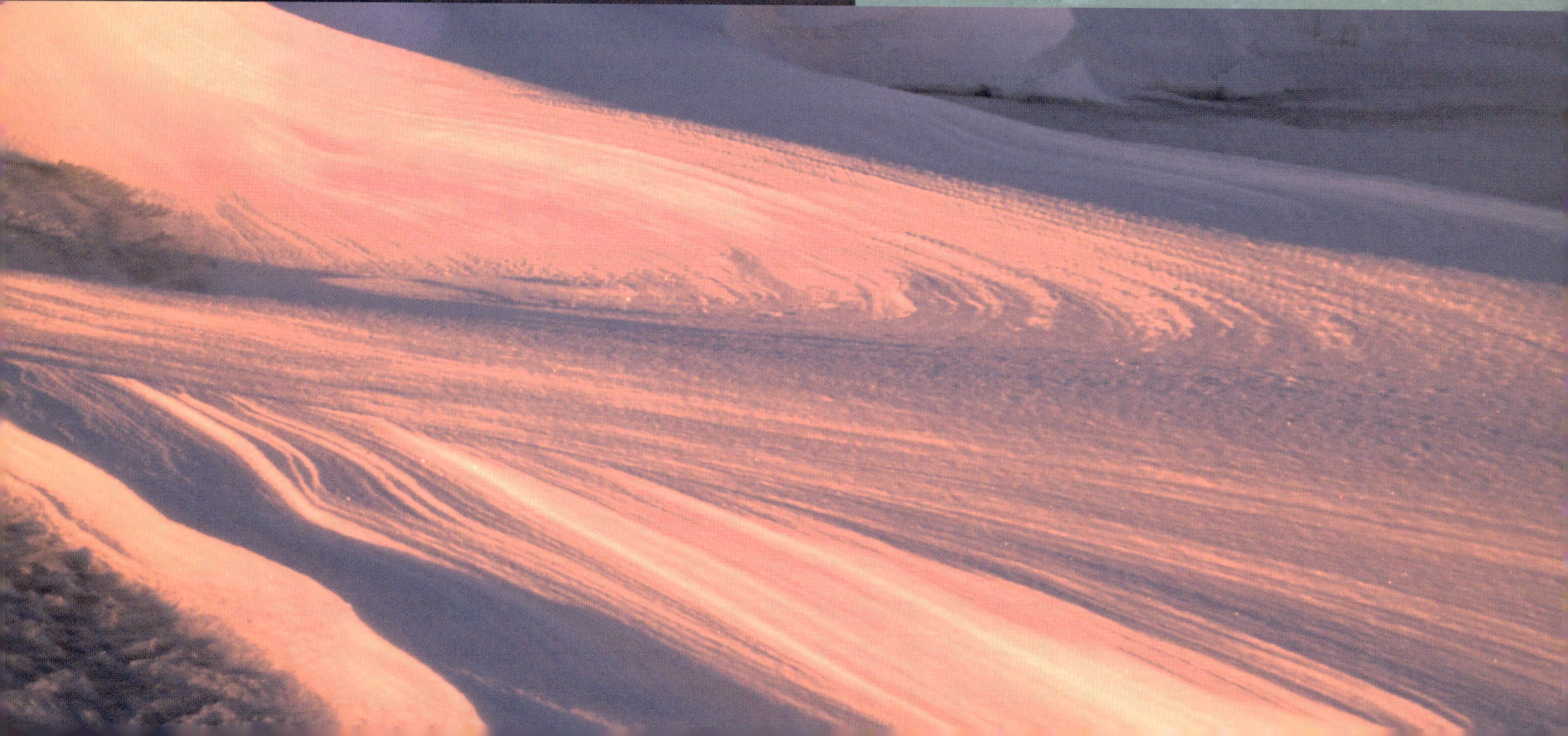

Ewiges Eis

Noch gibt es sie
die einsamen Plätze auf unserem Planeten
wo Zeit und Ewigkeit einander berühren
und die Seele den Klang der Stille atmet

Offene Fenster am Ende der Welt
zeigen Bilder vom Anfang der Erde

Menschenleer und unberührt
wunderbar geschaffen von unsichtbarer Hand
berühren sie gewaltig unser Innerstes

Ewiges Eis
in unendlicher Weite erstarrt
trotz scheinbarer Leblosigkeit
seit Urzeiten
unaufhaltsam in Bewegung
so wie das Wasser selbst
aus dem es geformt wurde
weil die Sonne es zuließ

Eine verschwenderische Vernissage
der Skulpturen
installiert in unbegrenzte Räume
hüllen uns in ehrfurchtvolles
und stummes Staunen

Das Ballett des Himmels

Den Blick aufwärts gerichtet
erlebe ich die Inszenierung eines
zauberhaften himmlischen Balletts

Wind und Wolken formen
in stillem Tanz
eine ständig wechselnde Bildergalerie

In pausenlos neuen Szenen
entstehen Figuren und Kulissen
und entschwinden so unvermittelt
wie sie geschaffen wurden

Von einem sanften Hauch berührt
zerfließt ein Bild in das andere

Eine Fata Morgana der Sinne
im tiefblauen Ozean des Himmels
Ein dreidimensionales Bühnenbild
Ein Reigentanz aus Luft und Wasser
zum Greifen nah
und doch unfassbar
Keine Aufführung gleicht der anderen
Unikate des Augenblicks

Ein Rondo
der unerschöpflichen und ewigen
Kreativität der Natur

Für Fabienne

Morgen

Du liegst vor mir
wie ein leeres
unberührtes
weißes
Blatt

Dein Morgenwalzer
begleitet mich
durch die ersten
Augenblicke des
Erwachens
und lässt meine Seele
tanzen

Die ersten
Sonnenstrahlen
kitzeln mich wach

Das frische Wasser
vertreibt die Müdigkeit

Die Luft
duftet nach Abenteuer

Der Wind
beflügelt meine Seele

Das frisch gepflügte Feld
ist bereit zur Aussaat

Der Tag
wird Spuren auf dir hinterlassen
seine Geschichten und Bilder
mit unauslöschbaren Farben
auf dein blütenweiß
zeichnen

Ungeschminktes
Zeitfenster
Fotoalbum
ohne Zensur

Du bietest mir
die einmalige
Möglichkeit
den Tag
zu gestalten

„Man soll den Tag nicht
vor dem Abend loben."
Warum denn nicht
Ich bin heute froh und dankbar
und will darum den Morgen
schon vor dem Mittag loben

Elefant

Ich wünsche dir die Kraft
und die Ausdauer
des Elefanten

Er ist klug und sensibel

Auf seinem Rücken trägt
er die Last von vielen
Und wenn es notwendig ist
tastet er sich vorsichtig
auf seinen großen Zehenspitzen
über jegliche Hindernisse

Die Schöpfung hat ihm
eine Elefantenhaut gegeben
Sandsturm, Wind und Wetter
können ihm nicht schaden
Seine gewachsene Rüstung wird davon
nur noch widerstandsfähiger
und erträgt so manchen Angriff

Unter seinem dicken Kleid steckt ein
sensibler und weicher Kern
ein kluger Kopf
und manchmal
der verspielte Humor
des Kindes

Seine Stimme ist
mächtig wie der Klang einer Posaune
deren Schall die Mauern
erschüttert und alles
in Bewegung setzen kann

Würdevoll und gelassen ist er
der heimliche König der Tiere

Für Janick

Regen

Schwer und schwarz
hängt die satte Wolke
drohend über der Erde

Die Sonne wurde eingemottet
der Himmel öffnet seine Schleusen

Wasserfluten
fallen
gießen
strömen
rauschen
trommeln
ein großes Crescendo
auf heißen Boden

Der gestreifte Vorhang fällt
über Landschaft
Mensch und Tier
das Sonnentheater ist zu Ende

Wassertropfen springen
Athleten gleich
auf dem harten Trampolin aus Asphalt
hoch und seitwärts
finden sich zusammen
und ziehen
vereint zu einem großen Heer

bachwärts
flusswärts
seewärts
meerwärts
auf dem Weg zurück
der Sonne entgegen
Anfang oder Ende
des ewigen Kreislaufes

Die Sonne kann geduldig warten
bis sich die Wolken
von selbst verziehen

Nebel

Nebel trübt mir die Sicht
auf das Wesentliche

Verschleiert den
gewohnten Weitblick
der mir Sicherheit gibt
Grau und schemenhaft nur
nehme ich wahr
was an hellen Tagen
einfach
klar
und überschaubar
erscheint

Verborgen ist
was vor mir liegt
Entschwunden
was eben noch da war

Die Sicht auf das Ganze verloren
kann ich nur erahnen
dass es noch mehr gibt
als das, was ich jetzt sehe

Ich lerne zu vertrauen
zu glauben

Glauben heißt
vertrauen auf das
was man nicht sieht

Zu erahnen
es gibt
einen Weg vor mir

Unterwegssein
im Nebel
bedeutet
entschleunigen
verlangsamen
innehalten
orientieren
und dann
den nächsten Schritt wagen
der vor mir liegt

Wäre die Sicht jederzeit klar
ich würde nicht so bewusst
das Hier und Jetzt
wahrnehmen

Nebelzeiten können
zuweilen auch
intensiv
lebendig
kostbar
sein

Weil ich
mir selber nahe bin

Mittag

Hoch
steht die Sonne
im Zenit

Auf ihrer Reise
um den halben Erdkreis
zwischen Mitternacht und Mittag
scheint sie sich jetzt
auszuruhen
genau über mir
lähmend heiß
erbarmungslos

Im grellen Schein
verblassen alle Farben
Schatten werden kurz
die Welt scheint
zweidimensional
stillzustehen

Träge flieht
was sich bewegen kann
unter schützende
Dächer

Verharrend
in stiller Andacht
vor der Urgewalt
des Lichts
das uns Leben schenkt

Abend

Der Tag geht aus
der Abend zieht ein

Unterwegs
auf der fließenden Grenze
zwischen Sonnenlicht
und Mondschein
verweile ich
einen Augenblick
und betrachte meinen Fußabdruck
der vergangenen Stunden
wie eine Zeichnung
auf einem Blatt Papier

Am frühen Morgen
noch leer und unpersönlich
erzählt es jetzt
meine Geschichte

Die Geschichte
von mir selbst
und den Menschen und Dingen
die mit mir diesen Tag
geprägt haben

Wie in einem Spiegel
entdecke ich
die Spuren meiner Arbeit
das Ringen um gute Lösungen
die Begegnungen und Gespräche
sprudelnde Freude über alles Gelungene
schwere Leere über meinem Misserfolg

Ich nehme mich dabei selber wahr
und erkenne
meine Stärken und Schwächen
meine Begabungen
und eigenen Grenzen

Freude
Enttäuschung
Zuversicht
Zweifel
Angst
Dankbarkeit
Zufriedenheit

Dies alles
nehme ich mit mir
in die Nacht
Manches begleitet mich
bis in die Träume
Vieles lege ich ab
wie Schuhe
Hut und Mantel

Mit dem Sonnenaufgang
öffnet sich mir
eine neue
leere Seite
in meinem
Lebenstagebuch
die ich gestalten darf

Frühling

Wenn die Sonne
in langen Strahlen
geschmolzenes Licht
auf die Erde regnet
und der Dunkelheit
das Dasein raubt
wird mein Blick frei
für das tiefhohe Blau
des Meeres
das sich im
klaren Himmel widerspiegelt

Dann ist kein Raum mehr
für trübe Lieder
und die Handschuhe
der Traurigkeit
bleiben im Schrank

Der Winter ist jetzt
entfernter denn je
und in meinem Herzen
blühen Blumen

Zeitlos

Ich trage dich
um mein Handgelenk
wie ein Schmuckstück

Du zierst mein Äußeres
und bist mir gleichzeitig
Fessel und
unsichtbares Gefängnis

Freiwillig
habe ich mich selbst
in Ketten gelegt
lasse meine Arbeit
von dir planen
und meine Freizeit
begrenzen

Mein Leben
teilst du ein in
Stunden
Minuten
Sekunden

Unaufhaltsam mahnst du
mich
mit deinen Zeigefingern
wenn mein Blick
zu lange
bei der Blume am Weg
verweilt

Stillstand
kennst du nicht
für dich wäre er
dein Todes-Uhr-Teil

Bei mancher
meiner Bewegungen
spüre ich dich
sehe ich dich
richte ich mich
nach dir

Du schreitest stets voran
in Wirklichkeit aber
zeigst du mir
jederzeit
wie viel mir noch bleibt
von diesem Tag
von diesem Jahr
von diesem Leben

Nur abends
streife ich dich ab
wie meine Kleider
lege dich aus meiner Hand
und bin frei
für ein paar Stunden
in denen ich in
zeitlosen
Träumen
versinke

Wunder

Es wird immer seltener
dass mich etwas
wirklich überrascht

Mein Urgroßvater
wunderte sich
dass ein Flugzeug fliegen
ein Radio sprechen
und ein Fotoapparat sehen kann

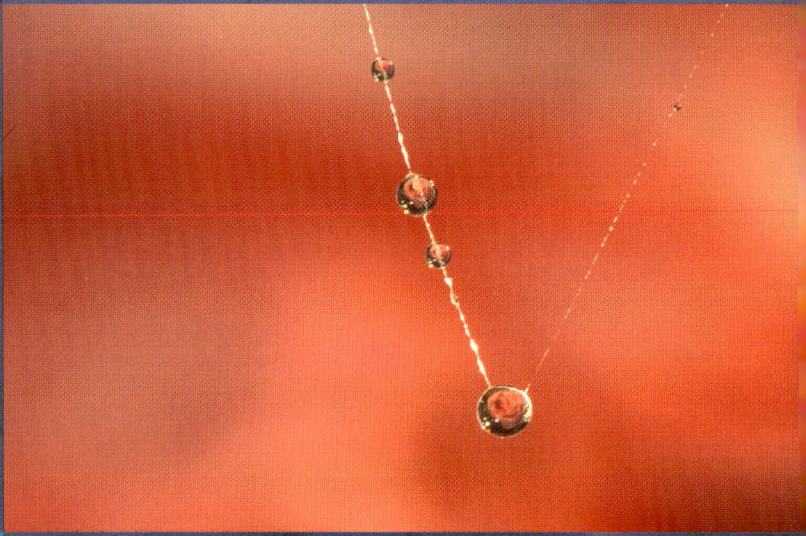

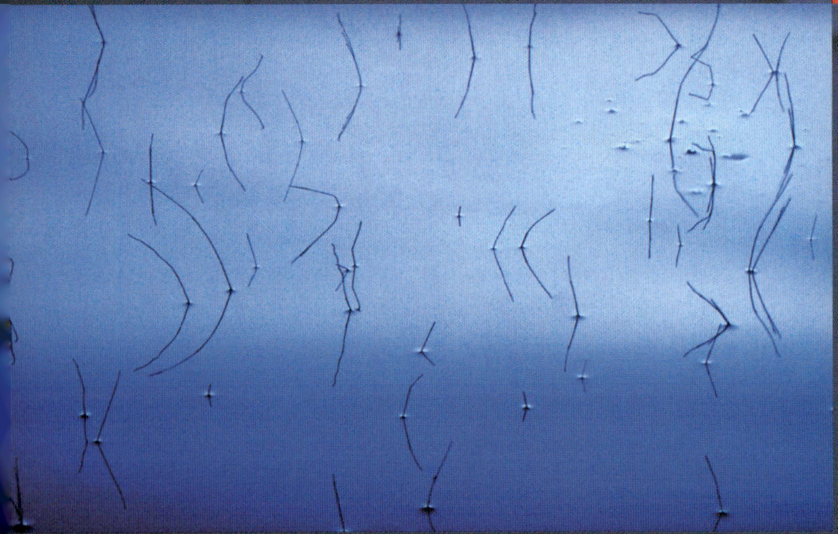

Immer höher
immer schneller
immer weiter
immer mehr

Die schnelle Verwirklichung
eines unvorstellbaren Gedankens
die sofortige Erfüllung eines Wunsches
zerstören
Zauber und Geheimnis
eines langgehegten Traumes

Licht und Wasser

Am Anfang der Welt war alles wüst und leer
Dunkelheit lag über Erde und Wasser
Dann schuf Gott das Licht
und es berührte das Wasser

Wird ein Wassertropfen von einer Lichtquelle angestrahlt
leuchtet er im großartigen
und vollkommenen Farbenspektrum

In jedem einzelnen Tautropfen
der vom Licht der Sonne berührt wird
steckt die Strahlkraft eines ganzen Regenbogens

Er ist das Jahrmillionen alte
sichtbare Zeichen
seit dem Entstehen von Wasser und Licht

Der Schöpfer der Welten
des Kosmos und allen Lebens auf und unter der Erde
bestätigt seine Zusage
uns Menschen
den Lebensraum in Eigenverantwortung anzuvertrauen

In unseren Händen liegen
die sichtbaren und verborgenen
Schätze der Erde

Du bist selbst ein bunt leuchtender Tropfen
im Ozean der Menschheit
und wirst zum einmaligen und großartigen Bild
wenn das Licht des Himmels dich berührt

Zeit

Manchmal wünschte ich mir
ich könnte die Zeit anhalten
den besonderen Moment
den einmaligen Augenblick

einfangen
anhalten
festhalten

Ihn später
bei passender Gelegenheit
hervornehmen
wie eine liebgewordene Postkarte

Klänge und Farben des Sommers
sammeln
für den Seelenwinter
und bei schwerem Gemüt
wie einen schützenden Mantel
um mich legen

Geborgen
im Schoß der Erinnerung

FÜR SILVIA

Mensch

Schön
dass es dich gibt
Mensch

Vor dir und nach dir
war und wird
kein Mensch
wie du

Darum
sei echt
sei wie du bist
und werde doch jeden Tag
neu

Du bist
einzigartig
einmalig
ein Wunder

Trage Sorge
zu dir
und allem
was dich umgibt

Deine Lebensschritte
hinterlassen
Spuren
Mach sie nur so weit
dass ein Kind dir darin
folgen kann

Nacht

Vor mir liegt die Nacht
Insel der Erholung

Die hereingebrochene Dunkelheit
verändert meine Sichtweise

Was am hellen Tag
noch endlos weit
und unüberschaubar
schien
wird jetzt
klein
begrenzt
fast zum Berühren

Meine Augen nehmen nur noch wahr
was sich in meinem Blickfeld
abspielt

In greifbarer
spürbarer Nähe
komme ich mir selbst
und anderen
nah
werde empfindsamer
für all die Zwischentöne
Schattierungen
und Geräusche

Meine Ohren werden wacher
mein Mund wird stiller
Ich lasse mich fallen
in die Großzügigkeit
der Nacht
die erbarmungsvoll
Gnade walten lässt
über den vergangenen Tag

Die Mitte der Nacht
ist der Anfang jedes neuen Tages

Allein
wandere ich
im Heute
den schmalen Grat
der Zeitenwende
vom Gestern ins Morgen

Den Sternenhimmel im Blick
spüre ich
den festen Boden unter meinen Füßen
nehme das Herz in die Hand
und atme tief den Geschmack der
Nacht

Von ferne
vernehme ich
den leisen Gesang
des neuen Tages

Seite 2/3
Löwen jagen im Sonnenaufgang, Etosha NP., Namibia
Ein selten zu beobachtendes Naturschauspiel: Ein Löwenrudel bei der morgendlichen Jagd.

Seite 4/5
Elefant vor Gewitterhimmel, Etosha NP., Namibia
Der erste Regen nach der Trockenzeit naht. Eine Elefantenkuh trottet mit ihrem Jungen durch die einsame Ebene der Etosha-Pfanne Namibias.

Seite 6/7
Zebras in Reih und Glied, Etosha NP., Namibia
Der Höhepunkt der Trockenzeit ist erreicht. Die Tiere Namibias müssen an die Wasser führenden Wasserlöcher – dabei geht es nicht selten um Leben oder Tod.

Seite 8/9
Düne mit Nebel, Sossusvlei, Namibia
Der morgendliche Nebel in der Namib-Wüste ist ein überlebenswichtiger Wasserspender für die kleinen und großen Bewohner dieser einzigartigen Wüstengegend.

Seite 10/11
Ahornblatt und Bach, Bach am Doubs, Jura, Schweiz
Ein abgefallenes Herbstblatt und ein kleiner Bachlauf bilden eine kunstvolle Kombination.

Seite 12/13
Köcherbaum im Abendlicht, Namibia
Die Köcherbäume Namibias sind wahre Überlebenskünstler. Mit ihren meterlangen Wurzeln ziehen sie ihren Wasserbedarf aus den Tiefen des Erdreiches heraus und können so langen Dürrezeiten trotzen.

Seite 14/15
Spiegelung eines Eichenblattes
Die tief liegende Sonne bringt ein schwimmendes Eichenblatt zum Leuchten. Ein wahres Wunderwerk der Natur.

Seite 16/17
Neues Leben, Big Island, Hawaii, USA
Wie durch ein Wunder bricht aus der erstarrten Lava neues Leben durch. Grün, die Farbe des Lebens.

Seite 18/19
Blattstrukturen, Schweiz
Wie Lebensadern wirken diese feinen Blattstrukturen. Perfektion der Natur.

Seite 20/21
Sattelrobbenbaby beim Winken, St. Madeleine-Inseln, Kanada
Wir schauen in diese großen Augen, die uns nachtschwarz und wach entgegen blicken. Blicke, die das Herz berühren, Blicke die man nie mehr vergisst.

Seite 22/23
Eiswüste auf St. Madeleine, Kanada
Minus 40 Grad Celsius zeigt das Thermometer. Eine eisige, beruhigende Stille liegt über diesen Inseln im St. Lorenz-Strom Nordost-Kanadas.

Seite 24/25
Blaue Stunde, St. Madeleine-Inseln, Kanada
Die Sonne ist hinter dem Horizont abgetaucht und verwandelt die Eiswüste Nordkanadas in eine Welt der blauen Stunde.

Seite 26/27
Wolkenballett, Westaustralien
Wie durch Musik geleitet führen die Wolken ein Ballett des Himmels vor.

Seite 28/29
Eisfeld, St. Madeleine-Inseln, Kanada
Die letzten Sonnenstrahlen verwandeln die skurrile Eislandschaft in eine mondähnliche Region aus Schnee und Eis.

Seite 30/31
Spitzkoppe im Morgenlicht, Namibia
Die ersten Sonnenstrahlen modellieren aus diesen malerischen Felsformationen ein Spiel aus Licht und Schatten.

Seite 32/33
Elefanten im Staubwirbel, Etosha NP., Namibia
Eine Herde Elefanten wirbelt mit ihren empfindlichen Rüsseln eine Menge Staub auf. Kombiniert mit der tief liegenden Sonne ergibt sich ein eindrückliches Licht-Schattenspiel.

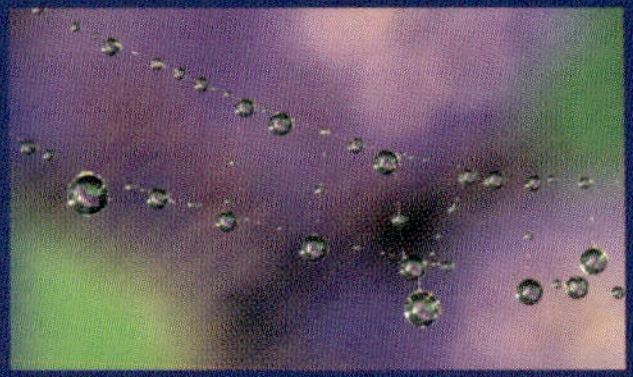

Seite 34/35
Tropfenzauber, Schweiz
Winzige Tautropfen an einem Spinnennetz verwandeln dieses Bild in ein wahres Naturkunstwerk.

Seite 36/37
Wapitihirsche am Madisonriver, Yellowstone Nationalpark, Wyoming, USA
Die ersten Sonnenstrahlen verwandeln diese Flussregion in eine mystische Nebellandschaft.

Seite 38/39
Afrikabaum, Namibwüste, Namibia
Morgenstimmung in der Namibwüste.

Seite 40/41
Sanddünen, Namibwüste, Namibia
Die Namib bietet eine der schönsten Wüstengebiete unserer Erde. Eine Welt voller Leben und Farbe.

Seite 42/43
Elefantenherde im Sonnenuntergang, Etosha NP., Namibia
Die Abendsonne verwandelt den wolkenbedeckten Himmel in ein imposantes Naturschauspiel. Eine würdige Kulisse für die mächtige Elefantenherde.

Seite 44/45
Hornisse hinter Tropfen, am Waldrand, Schweiz
Eine schwebende Hornisse wird in den kleinen Tautropfen an einem Grashalm abgebildet. Ein optisches Phänomen, das fasziniert.

Seite 46/47
Mondaufgang über der Alaska-Range, Alaska
Ein beinahe voller Mond verwandelt die imposante Alaska-Range in eine wundervolle Nacht der Stille.

Seite 48/49
Frosch im Mondlicht, Moossee bei Bern, Schweiz
Ein Frosch liegt auf der abendlichen Insektenlauer.

Seite 50/51
Springbock und Abendsonne, Etosha Nationalpark, Namibia
Ein einzelner Springbock spiegelt sich zusammen mit der Sonne in einem Wasserloch des Etosha Nationalpark.

Seite 54/55
Katatjuta (The Olgas), Australien
Die Felshügel der eindrücklichen Olgas in der Abendsonne. Jetzt zeigt das Land seine Farbe: Glühendes, feuriges Rot.

Seite 56/57
Pinnacles, Westaustralien
Bizarre Kalksteinfelsen verwandeln diese Region in eine mondähnliche Landschaft.

Seite 58/59
Polarlicht (aurora borealis), Yukon, Kanada
Wie schwebende Vorhänge tanzen die Polarlichter durch den Himmel Kanadas. Es gibt kaum ein faszinierenderes Naturschauspiel.

Der Fotograf: **Urs Lüthi**, geb. 1968 in Bolligen, Schweiz, verheiratet, erstand mit 14 Jahren vom ersparten Taschengeld die erste Spiegelreflexkamera. Der Berufsfotograf erhielt zahlreiche nationale und internationale Auszeichnungen u.a. vom BBC Wildlife Award. Lüthis künstlerischer Schwerpunkt liegt auf der Tier- und Naturfotografie.

Der Autor: **David Plüss**, geb. 1957 in Zofingen, Schweiz, verheiratet, 2 Kinder, arbeitet seit vielen Jahren als freischaffender Musiker, Produzent und Komponist. An unzähligen Musikproduktionen war er maßgeblich beteiligt. Seine instrumentalen Klangbilder beflügeln die Fantasie der Zuhörer. Mit den meditativen Texten zu diesem Buch öffnet er eine neue Seite seines kreativen Schaffens.

David Plüss und Urs Lüthi arbeiten zum wiederholten Mal zusammen. Die spektakuläre Bilderreise „Farben unserer Erde" zu den eindrücklichsten Plätzen unseres Planeten ist als multimediale Bildshow das Ergebnis kongenialen Zusammenspiels von Bild und Musik. Die aktuellen Tourneedaten finden Sie unter www.nature-art.ch

Die gleichnamige CD zum Buch und zur Multimediashow mit den Musiken und als Bonus mit umfangreichen Bildmaterial: David Plüss: Farben unserer Erde. Musik für die Sinne.
Brunnen Verlag Gießen 2005, ISBN 3-7655-8435-5.

www.brunnen-verlag.de
Design: spoon, Olaf Johannson
Druck: sachsendruck GmbH, Plauen
ISBN 3-7655-6442-7